Una nuova fonte di guadagno
24 ore.

Diritto d'autore

L'istruzione formale ti farà guadagnare da vivere. L'autoeducazione
ti farà diventare una fortuna. – Jim Rohn

"Investire nella conoscenza produce sempre il miglior interesse." -
Benjamin Franklin

"La mancanza di denaro è la radice di tutti i mali". –MarkTwain

"Una volta che hai una solida base di conoscenza, diventa molto
più facile imparare a investire e gestire il denaro." – Rafael Seabra

"Il denaro è un terribile padrone, ma un eccellente servitore." – PT
BarnuM

Questo libro è stato creato con cura per aiutarti a scoprire e implementare una nuova fonte di guadagno in un tempo straordinario: solo 24 ore.

Sì, hai letto bene!

Nel mondo in cui viviamo il tempo è una risorsa preziosa ed è sempre più evidente la necessità di diversificare le nostre fonti di reddito, cerchiamo soluzioni rapide e pratiche per migliorare la nostra situazione finanziaria.

È in questo contesto che il concetto di *"una nuova fonte di guadagno in 24 ore"*.

Questo libro mira a fornirti una guida completa e praticabile, piena di tecniche collaudate e vere, che ti aiuteranno a identificare opportunità e implementare una nuova fonte di reddito in un lasso di tempo così breve.

La proposta qui è di andare oltre la teoria e offrire un piano d'azione pratico, in modo da poter iniziare a generare risultati immediatamente.

Dall'ideazione dell'idea alla conquista dei primi clienti, tutto sarà affrontato in modo diretto, chiaro e di facile applicazione.

Questo materiale è un invito per te ad immergerti in una trasformazione finanziaria, mettendo in pratica i passaggi necessari per raggiungere una nuova realtà in sole 24 ore.

una breve introduzione

Ti sei mai trovato in una situazione in cui un'unica fonte di reddito non <u>è abbastanza per soddisfare i tuoi bisogni e desideri?</u>

Forse sei stanco di vivere con un budget ridotto, di fare affidamento esclusivamente su un lavoro che non ti dà la libertà finanziaria che desideri.

Se stai cercando un cambiamento radicale nella tua vita, questo materiale è la cosa più preziosa che puoi imparare.

In questo momento, stai per scoprire il segreto per creare una nuova fonte di guadagno in sole 24 ore. Sì, hai letto bene. Questa non è una promessa vuota o una formula magica. Stiamo parlando di un metodo pratico ed efficace che può trasformare in modo significativo la tua situazione finanziaria.

Comprendi che avere un'unica fonte di reddito è come camminare sul filo del rasoio senza una rete di sicurezza. In qualsiasi momento puoi perdere l'equilibrio e trovarti in una situazione difficile. Ecco perché è fondamentale diversificare i flussi di reddito e garantire una solida stabilità finanziaria.

Ma perché è così importante avere una nuova fonte di reddito? La risposta è semplice: sicurezza, libertà e opportunità. Creando una nuova fonte di reddito, diventi meno dipendente da un singolo lavoro o attività. Ciò significa che anche se accade qualcosa di inaspettato, come un licenziamento o una recessione economica, avrai altre fonti di reddito su cui ripiegare.

In questo ebook sarai guidato passo dopo passo, modulo dopo modulo, verso la costruzione di una nuova fonte di reddito solida e redditizia. Preparati a scoprire strategie innovative, consigli pratici e preziose intuizioni che rivoluzioneranno la tua visione della generazione di reddito.

I vari cesti di uova d'oro

Avere più di una fonte di reddito è un concetto potente che implica la diversificazione delle fonti di guadagno finanziario, piuttosto che fare affidamento esclusivamente su un'unica fonte.

Immagina di essere un saggio contadino che comprende l'importanza di distribuire i tuoi semi in vari campi.

Ogni campo rappresenta un'opportunità di raccolta, una potenziale fonte di guadagno.

Proprio come un agricoltore non mette tutte le uova nello stesso paniere, è fondamentale distribuire le proprie fonti di reddito per ridurre i rischi e aumentare la stabilità finanziaria. Ogni fonte di reddito rappresenta un paniere e ogni paniere contiene uova d'oro, a simboleggiare le opportunità e i guadagni che si possono ottenere.

Quando dipendiamo da un'unica fonte di reddito, mettiamo a rischio il nostro intero sostentamento finanziario. Se succede qualcosa a quella fonte, come una perdita di lavoro o un calo dei profitti aziendali, le nostre finanze possono essere gravemente colpite. Tuttavia, diversificando e avendo più fonti di reddito, creiamo una rete di sicurezza che ci protegge dagli imprevisti.

Questo ti offre diversi vantaggi. In primo luogo, ci consente di esplorare diverse aree di interesse, talenti e abilità, generando potenzialmente maggiore soddisfazione e realizzazione personale. Inoltre, può aumentare il tuo potenziale di guadagno e fornire una maggiore stabilità finanziaria, poiché il reddito proveniente da fonti diverse tende a compensare eventuali fluttuazioni.

Pensa alle diverse forme di reddito che possono essere sviluppate: reddito da lavoro, reddito passivo da investimenti, reddito da attività propria, affitto di immobili, reddito da attività di libero professionista, tra gli altri.

Ognuna di queste fonti fornisce un contributo unico al nostro percorso finanziario, apportando diversi vantaggi e opportunità.

Proprio come i campi di un agricoltore vengono coltivati e mantenuti con cura, dobbiamo dedicare tempo e sforzi per coltivare ed espandere le nostre diverse fonti di reddito. Ciò potrebbe comportare lo sviluppo di nuove competenze, la ricerca di opportunità di investimento, il miglioramento delle strategie di marketing per la propria attività o la costruzione di una rete professionale diversificata.

Tuttavia, è importante ricordare che avere più fonti di reddito richiede equilibrio e una gestione efficace del tempo. È essenziale trovare un ritmo che consenta di dedicare energia sufficiente a ciascuna delle fonti, senza compromettere la qualità o l'efficienza.

Considera questa metafora dei tanti cesti di uova d'oro. Coltiva i tuoi campi con saggezza, distribuisci i tuoi semi in diverse aree, esplora diverse opportunità e osserva l'espansione del tuo raccolto finanziario. Avendo più fonti di reddito, stai costruendo il tuo futuro finanziario, rafforzando la tua sicurezza e creando un percorso verso la redditività.

Scegli di coltivare diversi cesti con uova d'oro e lascia che la moltiplicazione finanziaria sia il catalizzatore di una vita di abbondanza.

Sviluppare una mente
che esternalizza e automatizza

Per raggiungere il successo finanziario e costruire più fonti di reddito, è fondamentale sviluppare una mentalità creativa e imprenditoriale.

Una mente costantemente alla ricerca di opportunità, soluzioni innovative e modi per espandere i propri orizzonti finanziari.

Uno dei primi passi per sviluppare questa mentalità è abbandonare l'idea che devi essere tu a fare tutto.

È naturale desiderare il controllo su ogni aspetto di un'impresa, ma limitarti a questa mentalità può limitare il tuo potenziale di crescita.

Invece, inizia a pensare a come puoi creare sistemi, trovare persone o utilizzare strumenti che possano fare il lavoro per te.

La mentalità della delega e dell'automazione è la chiave per liberare tempo ed energia, permettendoti di concentrarti su attività strategiche e perseguire nuove opportunità.

Chiedilo a te stesso:

"Chi può fare questo per me?"

O

"Quale strumento o tecnologia può aiutarmi ad automatizzare questo processo?".

Queste domande ti spingeranno a cercare soluzioni all'esterno ea pensare oltre le tue capacità e capacità.

Ora sei un imprenditore, un creatore di opportunità. Il suo ruolo non è quello di svolgere tutte le attività, ma piuttosto di identificare le esigenze del mercato, sviluppare soluzioni e costruire un ecosistema finanziario diversificato.

Lasciando andare l'idea che tutto debba essere fatto per te, ti liberi di pensare su larga scala, sfruttare le tue risorse e trovare modi per massimizzare il tuo potenziale di guadagno.

Ciò potrebbe significare assumere dipendenti, esternalizzare attività, investire in tecnologia o stabilire partnership strategiche.

L'innovazione è un elemento chiave nella creazione di nuove fonti di reddito. Rimani sempre aggiornato sulle tendenze del mercato, sui bisogni emergenti e sui cambiamenti nel comportamento dei consumatori. Queste informazioni possono ispirare idee imprenditoriali e aprire le porte a nuove opportunità di reddito.

Una mente che crea nuove fonti di reddito è disposta a uscire dalla zona di comfort, sperimentare e correre rischi calcolati. È aperta all'apprendimento dagli error , all'adeguamento delle strategie e alla perseveranza di fronte alle sfide.

Quindi sfida te stesso a pensare oltre le tue capacità e abilità. Liberati dall'idea che tutto debba essere fatto per te e inizia a esplorare soluzioni alternative.

Apri la tua mente, pensa in grande!

L'era degli infoprodotti

L'era degli infoprodotti

La conoscenza è diventata un bene prezioso.

Se hai competenze, competenze o esperienza in un determinato settore, la vendita di infoprodotti può essere un modo altamente redditizio per condividere le tue conoscenze e trasformarle in una fonte di reddito sostenibile.

Ma cosa sono comunque gli infoprodotti?

Sono prodotti digitali che forniscono conoscenza e informazioni in modo strutturato e accessibile.

Possono includere ebook, corsi online, webinar, podcast, video e molti altri formati. Il grande vantaggio è che possono essere creati una volta e venduti a un numero illimitato di persone, il che significa che il potenziale di profitto è scalabile e in crescita.

Vendendo infoprodotti, stai approfittando della crescente domanda di informazioni e apprendimento online. Le persone sono sempre più interessate ad accuisire conoscenze e competenze specifiche per migliorare la propria vita personale e professionale. È qui che entra in gioco la tua esperienza e l'opportunità di offrire soluzioni attraverso i tuoi infoprodotti.

Uno dei grandi vantaggi della vendita di infoprodotti è la flessibilità. Puoi scegliere una nicchia specifica di cui hai una profonda conoscenza e passione e creare un prodotto che soddisfi le esigenze di quel pubblico di destinazione. Ciò ti consente di lavorare con ciò che ti piace veramente e di avere esperienza, aumentando le tue possibilità di successo.

Il bello di questo mercato è che la vendita di infoprodotti offre la possibilità di raggiungere un pubblico globale.

Con Internet, non sei limitato a vendere solo alle persone nella tua località. Il tuo prodotto è accessibile a persone da qualsiasi parte del mondo, espandendo in modo significativo il tuo potenziale di guadagno.

Per riuscire a vendere infoprodotti, è importante adottare un approccio strategico. Ciò include l'identificazione del pubblico di destinazione, la comprensione delle loro esigenze e la creazione di un prodotto di alta qualità che offra un valore reale. Avrai anche bisogno di efficaci strategie di marketing digitale per promuovere i tuoi infoprodotti, raggiungere il tuo pubblico di destinazione e convertirlo in clienti.

Crea una volta e ricevi per anni

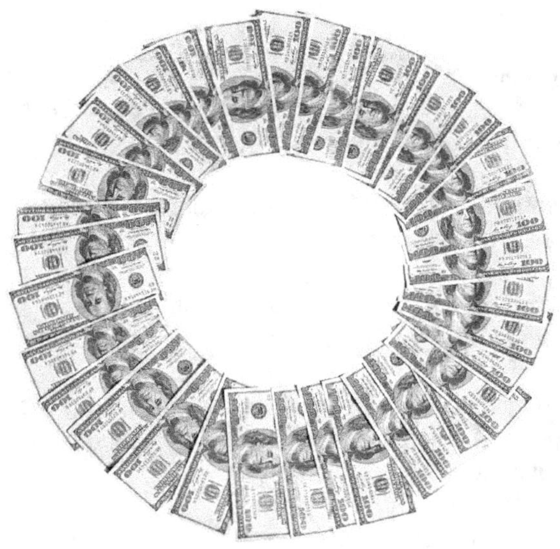

Uno dei grandi vantaggi della creazione di un infoprodotto è la capacità di generare guadagni per un lungo periodo di tempo, forse anni.

A differenza di altri tipi di attività o fonti di reddito, dove è richiesto un lavoro costante e continuo per mantenere il flusso di entrate, un infoprodotto ben strutturato e pianificato ti consente di raccogliere i frutti del tuo lavoro in un periodo di tempo prolungato, con un significativo iniziale sforzo.

Creando un infoprodotto, condividi le tue conoscenze, competenze ed esperienze in un formato che può essere facilmente consumato e accessibile dal tuo pubblico di destinazione.

Una volta completata la creazione dell'infoprodotto, che si tratti di un ebook, un corso online, un podcast o qualsiasi altra forma, lo rendi disponibile per la vendita o l'accesso.

Da quel momento il tuo infoprodotto diventa un asset in grado di generare entrate ricorrenti.

I clienti interessati ai tuoi contenuti potranno acquistarli o registrarsi per accedervi e verrai pagato di conseguenza.

Questo reddito può essere considerato come un guadagno passivo, poiché non è necessario compiere ulteriori sforzi per ogni vendita o accesso.

Il motivo per cui puoi ottenere guadagni per un lungo periodo di tempo con un infoprodotto risiede nella sua natura digitale e nella possibilità di automazione.

Una volta che l'infoprodotto è stato creato e reso disponibile, è possibile impostare sistemi automatizzati per la vendita, la consegna e l'accesso al contenuto.

Ciò significa che non è necessario essere fisicamente presenti affinché le vendite abbiano luogo e l'infoprodotto può essere consegnato automaticamente ai clienti.

Inoltre, un infoprodotto ben realizzato può essere senza tempo. Ciò significa che i tuoi contenuti rimangono pertinenti e preziosi nel tempo, indipendentemente dai cambiamenti nel mercato.

Certo, in alcuni casi sarà necessario effettuare aggiornamenti o integrazioni all'infoprodotto per mantenerlo aggiornato, ma, in generale, il lavoro iniziale di creazione e strutturazione continuerà a generare risultati positivi per lungo tempo.

La longevità dei guadagni di un infoprodotto è direttamente correlata alla qualità del contenuto, al suo appeal per il target di riferimento e alla sua capacità di risolvere problemi o soddisfare esigenze specifiche.

Più prezioso e pertinente è il tuo infoprodotto, più è probabile che le persone rimangano interessate e disposte a investire per acquistarlo.

Pertanto, creando un infoprodotto di qualità, stai costruendo una risorsa duratura che può generare guadagni per un periodo prolungato, possibilmente anni.

Ciò offre l'opportunità di costruire una fonte di reddito stabile e coerente mentre concentri i tuoi sforzi su nuovi progetti o espandi la tua attività. Approfitta della creazione di un infoprodotto una volta e goditi i continui vantaggi finanziari che può fornire nel tempo.

I 2 migliori modi per vendere infoprodotti

Esistono due modi principali per vendere infoprodotti e puoi scegliere quello più adatto al tuo profilo e ai tuoi obiettivi.

La prima opzione è vendere le proprie conoscenze, condividendo la propria competenza ed esperienza in un'area specifica. La seconda opzione è quella di vendere la conoscenza di altre persone, agendo come affiliato o rivenditore di infoprodotti.

Se scegli di vendere le tue conoscenze, stai riconoscendo il valore e l'esperienza che hai in una particolare materia.

Puoi creare corsi, ebook, video tutorial o altri formati di infoprodotti per insegnare e aiutare gli altri ad acquisire competenze e conoscenze preziose.

Questo approccio ti consente di condividere la tua passione, esperienze e prospettive uniche, creando un prodotto autentico e personalizzato.

Se preferisci vendere la conoscenza di altre persone, diventi un intermediario, sfruttando l'esperienza di altri esperti per offrire prodotti di alta qualità al tuo pubblico. Come affiliato o rivenditore, promuovi e commercializzi infoprodotti di terze parti, guadagnando commissioni per ogni vendita effettuata. Questo approccio ti consente di sfruttare la credibilità e l'esperienza di altre persone senza dover creare i tuoi prodotti.

Entrambe le opzioni hanno i loro vantaggi. Vendendo le tue conoscenze, hai l'opportunità di costruire il tuo marchio personale, stabilire autorità nel tuo campo e avere il controllo completo sui contenuti che offri. D'altra parte, quando vendi la conoscenza di altre persone, puoi beneficiare di partnership strategiche, avere accesso a prodotti già convalidati dal mercato e risparmiare tempo e fatica nel processo di creazione.

È importante sottolineare che siamo tutti esseri addestrabili e abbiamo la capacità di acquisire nuove conoscenze e abilità.

Se scegli l'opzione di vendere la conoscenza di altre persone, puoi dedicarti a conoscere il prodotto e la sua proposta di valore in modo da poter comunicare con fiducia ed entusiasmo ai potenziali acquirenti.

In questo modo diventi un facilitatore, mettendo in contatto le persone in cerca di conoscenza con le soluzioni che soddisfano le loro esigenze.

Qualunque opzione tu scelga, ricorda che la qualità e la fornitura di valore sono essenziali per il successo nella vendita di infoprodotti.

Concentrati sulla fornitura di contenuti pertinenti, ben strutturati e di alta qualità che aggiungano valore reale alla vita delle persone.

Rimani aggiornato nella tua area di competenza, cerca costantemente di apprendere e migliorare le tue capacità per fornire il miglior servizio possibile.

Ricorda inoltre che vendere infoprodotti è un continuo percorso di apprendimento ed evoluzione.

Sii aperto a sperimentare, testare diverse strategie di marketing, ascoltare il feedback dei clienti e adattare il tuo approccio secondo necessità.

Con dedizione, perseveranza e attenzione a fornire valore, sarai in grado di sfruttare il potenzia e illimitato offerto dalla vendita di infoprodotti come fonte di reddito sostenibile e gratificante.

Il mercato degli infoproducer: un'infinita opportunità da intraprendere

Ti sei mai fermato a pensare perché vendere infoprodotti è una delle migliori opzioni per avviare un'impresa?

La risposta è semplice: il mercato della conoscenza e dell'apprendimento non finirà mai.

È un settore in costante crescita e con una domanda sempre presente.

Uno dei vantaggi di entrare in questo mercato è la bassa barriera all'ingresso. A differenza di altre aziende che richiedono investimenti significativi in infrastrutture, inventario o produzione fisica, gli infoprodotti possono essere creati e commercializzati con costi minimi.

Tutto ciò di cui hai bisogno è la tua conoscenza, un computer e l'accesso a Internet.

Un altro fattore che rende così attraente il mercato degli infoprodotti è il fatto che tutti noi cerchiamo di imparare, dall'inizio alla fine della nostra vita.

La sete di conoscenza è una caratteristica intrinseca della natura umana. Le persone sono sempre alla ricerca di soluzioni, sviluppo personale, acquisizione di competenze e superamento delle sfide. Ed è esattamente ciò che offrono gli infoprodotti: un'opportunità per soddisfare quella domanda e aiutare altre persone a raggiungere i propri obiettivi.

Viviamo in un'era digitale, in cui l'accesso alle informazioni è disponibile sempre e ovunque.

La tecnologia ci consente di creare e fornire contenuti in modo efficiente e scalabile. Con pochi clic puoi creare un corso online, scrivere un ebook o registrare un webinar e renderlo disponibile a migliaia di persone in tutto il mondo.

La vendita di infoprodotti non è limitata a una nicchia specifica. Le opportunità esistono praticamente in ogni area di competenza, dagli affari e dalla finanza alla salute, al benessere, all'arte, allo sviluppo personale e molto altro. Se hai competenze, esperienza o passione per un particolare argomento, c'è un pubblico desideroso di imparare da te.

Un altro vantaggio di questo mercato è la possibilità di costruire un reddito ricorrente e scalabile.

Dopo aver creato i tuoi infoprodotti, possono essere venduti più volte, senza la necessità di inventario fisico o produzione. Ciò significa che il potenziale di guadagno è illimitato e puoi creare una fonte di reddito passiva in cui il tuo lavoro iniziale continua a generare profitti nel tempo.

È importante sottolineare che entrare nel mercato degli infoprodotti richiede dedizione, impegno e uno sguardo strategico. Devi capire il tuo pubblico di destinazione, identificare le loro esigenze e creare prodotti di alta qualità che aggiungano valore reale. Inoltre, è essenziale investire in efficaci strategie di marketing digitale per promuovere i tuoi infoprodotti e raggiungere il tuo pubblico.

Pertanto, se stai cercando un'opportunità di business con un potenziale illimitato, la vendita di prodotti informativi è la scelta giusta.

Con un basso costo di avviamento, una domanda crescente e la capacità di aiutare le persone a raggiungere i propri obiettivi, puoi intraprendere un promettente viaggio imprenditoriale. Non ci sono limiti alle conoscenze che puoi condividere e ai risultati che puoi ottenere in questo mercato in continua espansione.

Svelare i segreti
delle Grandi Nicchie e Sotto-Nicchie

La nicchia è chi definisce il target di riferimento della tua attività, permettendoti di comprenderne esigenze, desideri e problemi specifici.

Man mano che approfondisci il concetto di nicchia, scoprirai l'esistenza di "grandi nicchie" e "sotto-nicchie", strategie che possono guidare il tuo successo e massimizzare i tuoi risultati.

Cos'è una nicchia? Una nicchia è uno specifico segmento di mercato che ha caratteristiche distinte ed esigenze particolari.

È un gruppo specifico di persone che condividono interessi, dati demografici, caratteristiche comportamentali o problemi comuni.

Ad esempio, invece di indirizzare la tua attività alle "donne", potresti definire una nicchia più specifica, come "donne over 40 interessate al fitness e al benessere". Più specifica è la nicchia, meglio sarai in grado di comprendere e soddisfare le esigenze del tuo pubblico di destinazione.

Definire una nicchia è fondamentale in quanto ti permette di diventare un esperto in un particolare segmento di mercato. Concentrando i tuoi sforzi su una nicchia specifica, puoi approfondire la tua comprensione dei bisogni, dei desideri e dei punti deboli di quel pubblico. Questo ti mette in una posizione unica per fornire soluzioni pertinenti e su misura che soddisfano specificamente le esigenze del tuo pubblico di destinazione.

Quando esplori il concetto di nicchia, troverai due strategie ampiamente utilizzate: le grandi nicchie e le sotto nicchie.

Le grandi nicchie sono ampi segmenti di mercato che coprono una vasta gamma di persone. Sono caratterizzati dall'avere un target di riferimento più ampio e generale.

Ad esempio, la nicchia "salute e benessere" è una grande nicchia, in quanto comprende un'ampia varietà di persone interessate a diversi aspetti della salute, come un'alimentazione sana, l'esercizio fisico, la gestione dello stress, tra gli altri.

Anche se le grandi nicchie offrono un enorme mercato potenziale, sono anche altamente competitive. È necessario creare un'efficace strategia di differenziazione per distinguersi dalla concorrenza e attirare l'attenzione del pubblico.

È qui che entrano in gioco le sottonicchie. Le sottonicchie sono segmenti più specifici all'interno di una grande nicchia. Si concentrano su gruppi più piccoli di persone che condividono interessi, bisogni o problemi più particolari.

Ad esempio, all'interno della grande nicchia "salute e benessere", possiamo avere sotto-nicchie come "dieta vegetariana per donne incinte" o "allenamento di forza per persone oltre i 50 anni".

Specializzandoti in una sotto-nicchia, diventi un esperto in un campo specifico e puoi fornire soluzioni altamente pertinenti a quel pubblico specifico. Sebbene il mercato sia più piccolo rispetto alle grandi nicchie, c'è meno concorrenza e maggiori probabilità di stabilire una connessione più profonda con il tuo pubblico.

Definire la giusta nicchia per la tua attività dipende da diversi fattori come le tue capacità, esperienza, passioni e domanda del mercato. Ecco alcuni passaggi che puoi seguire per definire la nicchia giusta per te:

Autovalutazione: inizia identificando le tue capacità, conoscenze ed esperienze. Chiediti quali sono le tue passioni e aree di interesse. Considera le tue passate esperienze professionali, i tuoi hobby o qualsiasi altra esperienza che possiedi.

Ricerche di mercato: condurre ricerche di mercato per identificare le tendenze, le richieste e le esigenze del pubblico di destinazione. Utilizza strumenti come sondaggi, analisi delle parole chiave e piattaforme di social media per comprendere meglio le preferenze e i problemi del tuo pubblico.

Identificazione di potenziali nicchie: in base alla tua autovalutazione e alla ricerca di mercato, elenca alcune potenziali nicchie che corrispondono alle tue capacità e ai tuoi interessi con le esigenze e le richieste del tuo pubblico.

Valutazione della concorrenza: analizza la concorrenza in ogni potenziale nicchia che hai identificato. Scopri chi sono i principali attori, come soddisfano le esigenze del pubblico e identifica le opportunità di differenziazione.

Scelta di nicchia: in base alla tua autovalutazione, ricerca di mercato e valutazione della concorrenza, scegli la nicchia che si allinea maggiormente con le tue capacità, interessi e potenziale di mercato. Assicurati che ci sia abbastanza domanda e opportunità per crescere nella nicchia che hai scelto.

Una volta definita la tua nicchia, è il momento di approfondire la conoscenza del tuo pubblico di destinazione. Comprendere le esigenze, i desideri, i dolori e le aspirazioni del tuo pubblico ti consentirà di creare e fornire prodotti e contenuti altamente pertinenti. Conduci ricerche, parla con il tuo pubblico, partecipa a comunità legate alla tua nicchia e sii sempre consapevole dei cambiamenti e degli sviluppi all'interno del segmento.

In breve, definire la tua nicchia è la strada per il successo nel mercato degli infoprodotti. Comprendere le grandi nicchie e le sotto-nicchie ti consentirà di identificare le opportunità di mercato, posizionarti come esperto e offrire soluzioni altamente pertinenti al tuo pubblico di destinazione. Ricorda che ogni nicchia ha le sue particolarità e sfide, quindi sii disposto a imparare, adatta la tua strategia secondo necessità e cerca sempre di migliorare le tue conoscenze e la connessione con il tuo pubblico. In questo modo, sarai sulla buona strada per costruire un'attività di successo nel mercato degli infoprodotti.

MetodoSTRUTTURALE: Creare il tuo Infoprodotto da Zero

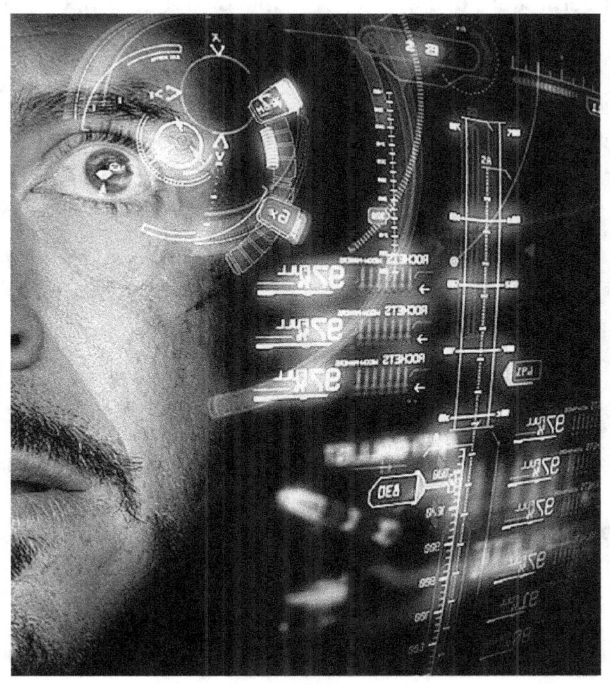

Immagina di avere tra le mani un metodo testato e collaudato che ti permetterà di creare infoprodotti di alta qualità, con un processo step by step chiaro e coinvolgente.

Con il Metodo ESTRUTURALT, avrai accesso alle strategie più efficaci per sviluppare contenuti potenti che abbiano un impatto sul tuo pubblico e generino il desiderio dei consumatori.

E - Scelta del tema: inizia selezionando un argomento pertinente che sia in linea con le tue conoscenze e competenze. Considera le esigenze e gli interessi del tuo pubblico di destinazione quando decidi l'argomento del tuo infoprodotto.

S - Segmentazione del pubblico: identifica il tuo pubblico di destinazione in modo chiaro e specifico. Comprendi i loro dati demografici, interessi, desideri e problemi. Ciò contribuirà a personalizzare il tuo infoprodotto per soddisfare le esigenze specifiche di quel gruppo.

T - Tipo di Infoprodotto: determina il formato del tuo infoprodotto. Può essere un e-book, un corso online, un podcast, un webinar, un video o qualsiasi altro formato più adatto a trasmettere le conoscenze che vuoi condividere.

R - Roadmap: crea una roadmap dettagliata per il tuo infoprodotto. Dividilo in moduli, capitoli o passaggi, assicurando una progressione logica e chiara del contenuto. Ciò ti aiuterà a organizzare le tue idee e a semplificare il processo di creazione.

U - Usa esempi e casi di studio: per rendere il tuo infoprodotto più coinvolgente e pratico, includi esempi reali e casi di studio che illustrino i tuoi concetti e mostrino la tua applicazione nella vita reale. Ciò aiuterà il tuo pubblico a comprendere e applicare le conoscenze in modo più efficace.

T - Trasmissione dei contenuti: scegli il modo migliore per trasmettere le tue conoscenze. Usa un linguaggio chiaro e didattico adatto al tuo pubblico. Utilizzare ausili visivi, come immagini, grafici o diapositive, per migliorare la comprensione e l'assimilazione del contenuto.

U - Usabilità e accessibilità: assicurati che il tuo infoprodotto sia facile da usare e accessibile al tuo pubblico. Verifica che la struttura e la formattazione siano adeguate, che le risorse tecnologiche funzionino correttamente e che i contenuti siano accessibili su dispositivi diversi.

R - Correzione di bozze e revisione: fai una revisione completa del tuo infoprodotto, verificando eventuali errori grammaticali, di coesione, chiarezza e coerenza. Prendi in considerazione l'assunzione di un professionista per eseguire il montaggio finale, garantendo la qualità del prodotto finale.

A - Attrazione visiva: valuta l'aspetto visivo del tuo infoprodotto. Usa elementi di design accattivanti, colori appropriati e un'identità visiva coerente. Ciò contribuirà a trasmettere professionalità e ad attirare l'attenzione del pubblico.

L - Lancio e promozione: pianificare un'efficace strategia di lancio e promozione. Utilizza canali di marketing digitale, come social network, e-mail marketing, partnership strategiche, annunci a pagamento, tra gli altri, per raggiungere il tuo pubblico di destinazione e promuovere il tuo infoprodotto.

T - Test e feedback: dopo il lancio, chiedi feedback ai tuoi clienti e apporta modifiche se necessario. Valuta le prestazioni del tuo infoprodotto, controlla che le aspettative del pubblico siano soddisfatte e cerca sempre di migliorare l'esperienza dell'utente.

attraverso il metodoSTRUTTURALE, avrai una guida pratica ed efficace per creare da zero il tuo infoprodotto.

Segui attentamente ogni passaggio, adattandoli alle tue esigenze e al tuo target di riferimento. Ricorda che la qualità del contenuto e la fornitura di valore sono ciò che detterà il successo del business.

L'intelligenza artificiale può aiutarti del 70%

L'intelligenza artificiale (GPT Chat) può generare contenuti in modo rapido e automatico, ma la vera essenza, brillantezza e autenticità spesso provengono dalla mente creativa e dalla conoscenza umana.

La revisione umana è fondamentale per garantire che il contenuto sia corretto, chiaro, coinvolgente e in linea con gli obiettivi e le aspettative del pubblico di destinazione.

L'intelligenza artificiale può aiutare ad accelerare il processo di creazione di infoprodotti, fornendo approfondimenti, suggerimenti e persino generando contenuti.

Tuttavia, è l'occhio attento e critico di una persona che può individuare errori, migliorare il testo, aggiungere esempi pertinenti, rendere il contenuto più personalizzato e aggiungere quel tocco umano che fa la differenza.

Inoltre, anche la revisione umana è essenziale per garantire etica e responsabilità nei contenuti generati.

L'intelligenza artificiale può imparare da grandi volumi di dati, ma è la persona che deve prendere decisioni e garantire che il contenuto sia accurato, imparziale e in linea con valori e norme appropriati.

Pertanto, sebbene l'intelligenza artificiale sia uno strumento potente e utile nella creazione di infoprodotti, la presenza umana è indispensabile per garantire la qualità, l'autenticità e la pertinenza del contenuto.

La collaborazione tra uomo e tecnologia è il modo per creare
infoprodotti eccezionali che aggiungono davvero valore e
soddisfano le esigenze del pubblico.

Niente è creato, tutto è copiato: l'arte di modellare e migliorare i prodotti esistenti

Hai mai sentito l'espressione "nulla si crea, tutto si copia"?

Sebbene possa sembrare contraddittoria a prima vista, questa frase contiene una potente verità nel mondo degli affari e della creazione di prodotti.

L'idea principale alla base di questo concetto è che, invece di reinventare la ruota, possiamo ispirarci ai prodotti esistenti e migliorarli, apportando innovazioni e aggiungendo valore.

Quando parliamo di copiatura, non ci riferiamo alla copiatura esatta o al plagio.

Quello che intendiamo è che possiamo guardare a prodotti di successo e modellarli, adattandoli alle nostre idee e necessità.

Il segreto è sviluppare la capacità di mettersi in discussione:

"Come posso migliorare questo prodotto che già esiste?".

Osservando e studiando i prodotti già presenti sul mercato, è possibile individuare punti di forza e aree di miglioramento.

Analizza aspetti come design, funzionalità, esperienza utente, servizio clienti e strategie di marketing. Chiedilo a te stesso:*"Come posso rendere questa idea ancora più pertinente, innovativa e preziosa per il mio pubblico target?"*.

Questo approccio ti consente di creare prodotti con molta più assertività, poiché esiste già una base consolidata per guidare il tuo sviluppo. Modellando e migliorando un prodotto esistente, trarrai vantaggio dal lavoro già svolto e sfrutti gli apprendimenti e le intuizioni emerse nel tempo.

Ricorda che l'obiettivo non è semplicemente copiare, ma aggiungere valore e differenziazione al prodotto. È fondamentale portare la propria prospettiva, creatività e conoscenza per migliorare ciò che già esiste. In questo modo, metterai il tuo marchio e il tuo tocco personale sul prodotto, rendendolo unico e attraente per il tuo pubblico di destinazione.

Quando si modellano prodotti esistenti, assicurarsi di non violare le leggi o violare i diritti di terzi. Utilizzare il prodotto come ispirazione e base per migliorare le proprie creazioni, sempre nel rispetto degli standard legali ed etici.

L'arte di modellare e migliorare i prodotti esistenti è una strategia intelligente ed efficace per imprenditori e creatori di infoprodotti. Studiando ciò che è già disponibile sul mercato e cercando modi per migliorare questi prodotti, avrai una solida base per creare qualcosa di nuovo, innovativo e in linea con le esigenze e i desideri del tuo pubblico.

Quindi la prossima volta che ti senti sopraffatto dalla pressione di creare qualcosa di nuovo di zecca, ricorda: nulla viene creato, tutto viene copiato. Guardarsi intorno, studiare, modellare e migliorare i prodotti esistenti. Porta la tua visione unica, la tua esperienza e la tua passione per creare qualcosa che superi le aspettative del tuo pubblico!

Come creare un ebook digitale con Intelligenza Artificiale in 15 Moduli

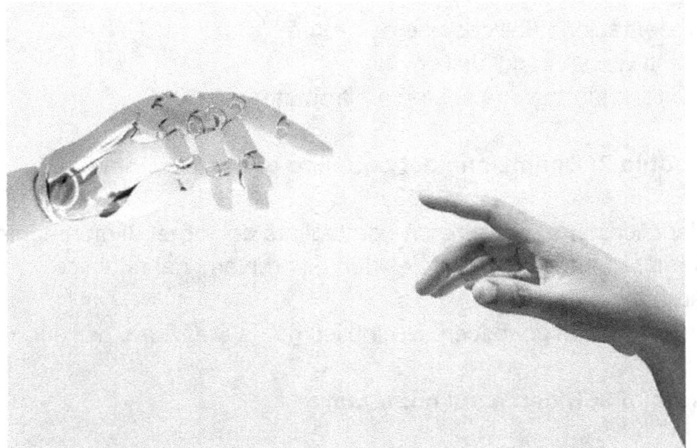

Segui questo passo dopo passo e osserva la magia accadere.

Modulo 1: Introduzione

Presentazione dell'ebook e dell'autore
Obiettivi e vantaggi dell'ebook
Contestualizzazione sul tema affrontato

Modulo 2: Definizione del pubblico di destinazione

Identificazione e descrizione dettagliata del target di riferimento
Comprendere i bisogni, i desideri e i problemi del pubblico
target
Importanza di conoscere il pubblico per la creazione dell'ebook

Modulo 3: Ricerca sui contenuti

Condurre ricerche e raccogliere informazioni rilevanti
sull'argomento dell'ebook
Individuazione di fonti attendibili e riferimenti a supporto del
contenuto
Organizzazione e strutturazione delle informazioni ottenute

Modulo 4: Definizione della struttura dell'ebook

Scegliere una struttura adatta per l'ebook
Definizione di capitoli, sezioni e sottosezioni dell'ebook
Organizzazione logica e sequenziale dei contenuti
Modulo 5: creazione di titoli e sottotitoli

Sviluppo di un titolo accattivante e di impatto per l'ebook
Creazione di sottotitoli che riassumono il contenuto di ogni
sezione
Utilizzo di tecniche di copywriting per suscitare l'interesse del
lettore

Modulo 6: Sviluppo dei contenuti

Scrivere il contenuto di ogni capitolo sezione e sottosezione
Uso di un linguaggio chiaro, conciso e appropriato per il target
di riferimento
Inserimento di esempi, case studies e consigli pratici per
arricchire il contenuto

Modulo 7: revisione e modifica

Revisione del contenuto scritto, correzione di errori
grammaticali e ortografici
Verifica della consistenza e della fluidità del testo
Modificare il contenuto per renderlo più coinvolgente e
accattivante

Modulo 8: Design e Layout

Creazione di un design accattivante e professionale per l'ebook
Utilizzo di elementi visivi come immagini, grafici e icone per
arricchire i contenuti
Garantire un layout corretto, con spaziatura, caratteri e colori
armoniosi

Modulo 9: Creazione copertina

Sviluppo di una copertina attraente che trasmette l'essenza dell'ebook
Uso di immagini, colori ed elementi visivi che si riferiscono al contenuto
Inserimento del titolo e del sottotitolo in modo chiaro e leggibile

Modulo 10: Formattazione per ebook digitale

Conversione dell'ebook in un formato digitale come PDF, EPUB o MOBI
Verifica della compatibilità per diversi dispositivi e piattaforme
Garantire una corretta formattazione per la lettura su schermi digitali

Modulo 11: Aggiunta di elementi interattivi

Inserimento di collegamenti ipertestuali per facilitare la navigazione nell'ebook
Incorporamento di video, audio o animazioni pertinenti al contenuto
Aggiunta di funzionalità interattive che arricchiscono l'esperienza del lettore

Modulo 12: Revisione finale

Revisione completa dell'ebook controllando tutti gli elementi, la formattazione e l'interattività
Correzione di eventuali errori o problemi identificati
Qualità finale impeccabile garantita

Modulo 13: Generazione di metadati

Inclusione di metadati rilevanti come titolo, autore, parole
chiave e descrizione
Ottimizza per i motori di ricerca e facilita la scoperta degli
ebook

Modulo 14: Pubblicazione e distribuzione

Scegliere le giuste piattaforme di distribuzione per l'ebook
Caricamento di ebook su piattaforme selezionate
Definizione delle strategie di diffusione e promozione degli
ebook

Modulo 15: Monitoraggio e Miglioramento Continuo

Monitoraggio delle prestazioni degli ebook come il numero di
download e il feedback dei lettori
Analisi dei risultati e identificazione delle opportunità di
miglioramento
Aggiornamento periodico dell'ebook con nuove informazioni e
miglioramenti

Seguendo questo passo dopo passo, utilizzando l'intelligenza
artificiale come strumento ausiliario, sarai in grado di creare un
ebook digitale di qualità, dalla ricerca iniziale alla pubblicazione
e distribuzione. Ricorda di adattare ogni passaggio alle tue
esigenze e ai tuoi obiettivi, cercando sempre di offrire contenuti
di valore e di impatto per il tuo pubblico di destinazione.

MVP - La tecnica che convaliderà i tuoi infoprodotti

Il concetto di MVP (Minimum Viable Product) per gli Infoprodotti

L'MVP, o Minimum Viable Product, è un concetto fondamentale quando si tratta di creare e validare un infoprodotto. È un approccio che ti consente di sviluppare una versione iniziale del tuo prodotto, contenente solo gli elementi essenziali, per soddisfare le esigenze di base del tuo target di riferimento. L'obiettivo principale dell'MVP è quello di testare e validare l'idea di infoprodotto con un minimo investimento di tempo e risorse.

Quando creano un infoprodotto, molti imprenditori commettono l'errore di investire una notevole quantità di tempo, energia e risorse in un prodotto completo e finito, senza essere sicuri che il mercato lo accolga positivamente. Questo approccio può essere rischioso e portare a uno spreco di risorse preziose.

È in questo contesto che l'MVP diventa una strategia intelligente. Sviluppando una versione semplificata del tuo infoprodotto, puoi lanciarlo sul mercato in modo più rapido ed economico. L'idea è quella di offrire solo le caratteristiche e le funzionalità di base necessarie per risolvere i problemi o le esigenze del pubblico di destinazione.

MVP è un processo iterativo, il che significa che puoi lanciare una versione iniziale e, in base al feedback degli utenti, migliorare ed espandere gradualmente l'infoprodotto. Ciò ti consente di testare l'accettazione del mercato, convalidare le tue idee e apportare modifiche prima di investire tempo e risorse in funzionalità più complesse.

Optando per MVP, puoi risparmiare tempo e denaro evitando di sviluppare funzionalità non necessarie o che non sono apprezzate dal tuo pubblico di destinazione. Inoltre, ricevi un prezioso feedback dagli utenti fin dall'inizio, il che rende possibile comprendere le loro esigenze, aspettative e preferenze.

Vale la pena notare che MVP non significa che stai rilasciando un prodotto di bassa qualità o incompleto. Piuttosto, l'obiettivo è fornire un prodotto funzionale e utile, ma con un focus sulla funzionalità essenziale. Nel tempo, sarai in grado di aggiungere funzionalità aggiuntive e migliorare l'esperienza dell'utente in base al feedback che ricevi.

Il concetto di MVP è particolarmente rilevante nel contesto degli infoprodotti, poiché di solito sono basati sulla conoscenza e sui contenuti. Creando un MVP per un infoprodotto, puoi offrire contenuti di valore e pertinenti, anche se inizialmente in una forma più semplificata.

In sintesi, l'MVP è un approccio strategico per creare e convalidare gli infoprodotti in modo più efficiente. Sviluppando una versione iniziale che contiene solo gli elementi essenziali per soddisfare le esigenze del pubblico di destinazione, puoi testare e convalidare l'idea con un investimento minimo di tempo e risorse. Questo ti permette di risparmiare tempo, evitare sprechi e ottenere preziosi feedback per migliorare il tuo prodotto nel tempo. Ricorda che MVP è un processo continuo e iterativo, che ti consente di far crescere ed evolvere il tuo infoprodotto in base alle esigenze e alle preferenze del tuo pubblico di destinazione.

Conclusione

Creare un infoprodotto è considerato uno dei modi migliori per generare una nuova fonte di reddito in un breve periodo di tempo, anche entro 24 ore.

Questa affermazione si basa su diversi fattori che rendono gli infoprodotti un'opzione praticabile e conveniente per gli imprenditori che cercano risultati rapidi.

Successivamente, spiegherò in dettaglio i motivi per cui la creazione di un infoprodotto è un'ottima opportunità per generare reddito in un periodo di tempo così breve.

Basso costo di produzione:
A differenza dei prodotti fisici, che richiedono investimenti in materie prime, produzione, inventario e logistica, gli infoprodotti vengono creati sulla base delle conoscenze e delle competenze del produttore.

Ciò significa che il costo di produzione è notevolmente inferiore, poiché non è necessario investire in materiali fisici o attrezzature specifiche.

Con gli strumenti e le risorse digitali attualmente disponibili, come software di editing, creazione di contenuti e piattaforme di hosting, è possibile creare un infoprodotto con un investimento economico minimo.

Flessibilità oraria:
Creando un infoprodotto, hai la libertà di impostare il tuo orario di lavoro e gestire il tuo tempo secondo le tue esigenze.

Ciò ti consente di adattarti alla tua routine attuale e creare il prodotto entro 24 ore se lo desideri.

La flessibilità oraria è un vantaggio non indifferente per chi cerca una nuova fonte di guadagno, in quanto consente di conciliare il lavoro di realizzazione dell'infoprodotto con altre responsabilità personali o professionali.

Scalabilità e portata globale:
Uno dei grandi vantaggi degli infoprodotti è la loro scalabilità e portata globale.

Una volta creato, l'infoprodotto può essere replicato e venduto ad un numero illimitato di persone, senza bisogno di grandi sforzi aggiuntivi.

Inoltre, con Internet e le piattaforme digitali, è possibile raggiungere un pubblico globale, indipendentemente dalla sua posizione geografica. Questa ampiezza di portata ti consente di espandere le tue opportunità di vendita e generare entrate in un breve lasso di tempo.

Domanda di conoscenza e apprendimento:
La ricerca della conoscenza e dell'apprendimento è una costante nella società odierna.

Le persone sono sempre alla ricerca di soluzioni, miglioramento personale, capacità professionali e sviluppo in diverse aree.

Gli infoprodotti offrono esattamente questo: contenuti di valore, organizzati e strutturati, in grado di soddisfare le esigenze e le richieste del pubblico. Creando un infoprodotto basato sulla tua conoscenza o esperienza in un particolare argomento, stai offrendo qualcosa che il mercato sta attivamente cercando.

Diversità di formati:
Gli infoprodotti non si limitano a un unico formato. Puoi creare ebook, corsi online, lezioni registrate, podcast, webinar e altro ancora.

Questa diversità di formati ti consente di scegliere quello che meglio si adatta al tuo stile di comunicazione e al contenuto che vuoi trasmettere. Inoltre, questa varietà di formati soddisfa anche le preferenze del pubblico, offrendo diverse opzioni per consumare il contenuto che stai mettendo a disposizione.

Automazione e guadagni passivi:
Una volta creato e reso disponibile, l'infoprodotto può essere automatizzato, il che significa che è possibile impostare un sistema per consegnare il prodotto ai clienti in modo automatizzato. Ciò ti consente di realizzare guadagni passivi, ovvero ricevere vendite e generare entrate anche quando non sei attivamente coinvolto nel processo. L'automazione ti consente di concentrarti su altre attività mentre l'infoprodotto continua a essere venduto.

In sintesi, la creazione di un infoprodotto offre una serie di vantaggi che consentono di generare una nuova fonte di reddito in un lasso di tempo breve, ad esempio 24 ore. Con bassi costi di produzione, flessibilità temporale, scalabilità, domanda di conoscenza, diversità di formati, automazione e guadagni passivi, gli infoprodotti sono un'opzione altamente conveniente e redditizia per gli imprenditori che vogliono avviare rapidamente una nuova fonte di reddito.

Utilizzando le tue conoscenze e competenze per creare un
infoprodotto, offrirai valore al mercato e aprirai le porte a
opportunità di successo finanziario.

<u>**Chi è Matheus Martins Soares?**</u>

Matheus è un ex agente militare/presidenziale, laureato in marketing dal 2018 e specialista in copywriting. Ha scritto per più di 27 nicchie diverse, mostrando la sua capacità di adattarsi a diversi argomenti e pubblici. Nel corso della sua carriera ha lavorato in grandi aziende, come la più grande rivista economica del paese e la più grande società di consulenza di marketing del Brasile. Ha contribuito al successo di importanti campagne, generando +30mm di fatturato per i propri clienti. Ha pubblicato oltre 100 libri su Amazon e ha conquistato lettori in oltre 10 paesi diversi. Esperto di StoryTelling e UX Writing, lavora anche dietro le quinte come GhostWriter, dando voce alle idee e alle storie di altre persone. Il suo metodo è in grado di scrivere un libro in meno di 24 ore.

Con una visione strategica e conoscenze nel marketing, aiuta aziende, autori e progetti letterari a raggiungere il successo. Si è trovato nel mondo del marketing, della scrittura e del comportamento umano, la sua capacità di adattarsi a diverse sfide è un differenziale che lo distingue nel suo campo.